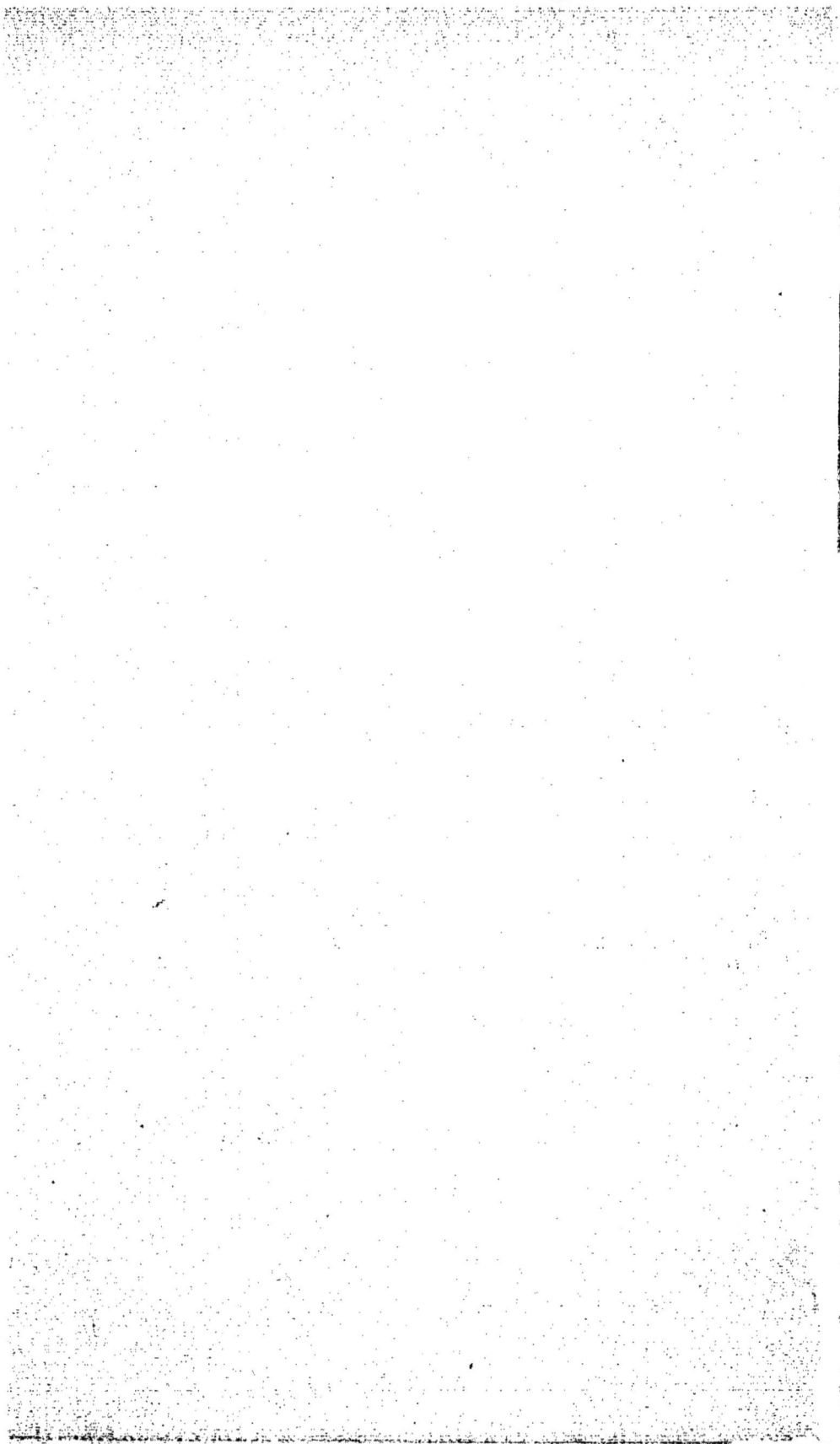

DÉLIBÉRATION

DES

TROIS-ORDRES

DE LA VILLE DE

SAINT - MIHIEL

EN LORRAINE,

Au sujet du Comté de San-
cerre.

A SAINT - MIHIEL.

CEJOURD'HUI 11 Janvier 1789, les trois Ordres de Citoyens de la Ville de Saint - Mihiel, assemblés à la Chambre du Conseil de Ville, pour prendre une dernière résolution au sujet de l'Échange du Comté de Sancerre :

CONSIDÉRANT que deux Arrêts du Conseil-d'État, rendus le 20 Décembre dernier, sur la Requête de M. de Calonne se qualifiant de Ministre - d'État, et affichés cejourd'hui avec ostentation, auraient répandu l'alarme parmi les bons citoyens ; parce que paraissant déroger aux dispositions des Letrres - Patentes des mois de Juillet 1785 et Mars 1786, qui maintenaient les Officiers Royaux dans leur Jurisdiction, ils semblent offrir un préjugé favorable aux prétentions des *Échangistes* :

QUE la témérité présomptueuse avec laquelle les Agens de MM. de Calonne et d'Espagnac , annoncent ces mêmes Arrêts comme les précurseurs du Jugement définitif qui doit selon eux, consacrer l'Echange de Sancerre , aurait encore fortifié cette première impression :

MAIS considérant en même-tems que la Justice de SA MAJESTÉ, qui a daigné se livrer personnellement à l'examen de cette grande affaire, que les lumières des Ministres et des Commissaires qu'Elle a appellés à cette instruction, ne pouvaient que soutenir & ranimer la confiance des trois Ordres de la Ville de Saint-Mihiel : loin de se laisser décourager par l'interprétation sinistre que l'on voudrait donner à un Réglement purement provisoire, ils auraient senti au contraire qu'ils devaient déployer de nouveaux efforts et une nouvelle énergie, pour détourner le coup funeste dont on ose les menacer :

QU'ÉTANT instruits que le Citoyen généreux, auteur des *observations* imprimées au mois de Novembre 1787, sous le nom et

avec l'autorisation des trois Ordres, avait
préparé depuis long-tems, une réponse
tant au *Mémoire* qu'à la *Requête* du Comte
d'Espagnac, ils auraient unanimement pen-
sé qu'il serait nécessaire que cette réponse
fut incessamment répandue dans le public
par la voie de l'impression :

QUE cette publicité devenait d'autant
plus importante dans les conjonctures pré-
sentes, qu'elle acheverait d'éclairer SA MA-
JESTÉ, sur la surprise faite à sa religion,
et de fixer le Jugement de la Nation qui,
prête à s'assembler pour délibérer sur ses
plus grands intérêts, ne verrait pas, sans
doute, avec indifférence, la déprédation la
plus scandaleuse qui ait jamais été commi-
se, sous le voile d'un *Échange*, dans les
Domaines de la Couronne :

QUE le Comte d'Espagnac, dans le des-
sein, sans doute, d'affaiblir l'imposante ré-
clamation d'une ville entière, affectant de
répéter dans tous ses écrits, que les plaintes

portées sous le nom de la Ville de Saint-
Mihiel, au pied du Trône, étaient *l'ouvrage
de l'intrigue*, que ses Députés étaient *l'ins-
trument de la haine* des prétendus ennemis
des *échangistes*, (insinuation calomnieuse
déjà solemnellement détruite par une Délibération du 2 Mars dernier,) les trois Ordres ne peuvent trop multiplier les actes
publics qui attestent la part directe qu'ils
ont prise aux démarches faites en leur nom,
et le vif intérêt qu'ils montreront toujours
à poursuivre la résiliation d'un contract
désastreux qui entraînerait la ruine de la
Ville de Saint-Mihiel, s'il pouvait jamais
être consommé.

POURQUOI il aurait été unanimement
arrêté, en présence et sur la demande du
Rédacteur de ladite réponse, qu'elle serait
préalablement soumise à l'examen de Commissaires pris dans les trois Ordres, lesquels en rendraient compte à une assemblée
générale; à l'effet de quoi, indépendamment
de M. le Maire-Royal qui a été désigné
Commissaire de droit, on aurait par accla-

mation, nommé MM. l'Abbé Dumesnil, Chanoine de la Collégiale, Président du Bureau intermédiaire du district, et Dom Clavey Procureur de l'Abbaye des Bénédictins, pour l'ordre du Clergé; MM. de Bousmard Chevalier Seigneur de Joudreville, Président honoraire au Parlement de Metz, de Faillonnet Chevalier Seigneur de Dom-Remi, ancien Capitaine d'Infanterie, pour la Noblesse; MM. l'Olivier Conseiller au Bailliage et Rapporteur du point d'honneur, Bazoche Avocat du Roi, Procureur-Syndic du District, Brion Procureur-du-Roi de la Municipalité, et Jacob syndic des Avocats, pour le Tiers-État; lesquels auraient accepté la commission avec promesse d'y vaquer sans retard, et d'en rendre compte à une autre assemblée qui sera convoquée à ce sujet.

CE JOURD'HUI 18 Janvier 1789, les trois Ordres de Citoyens de la Ville de Saint-Mihiel, assemblés en la Chambre du Conseil de ville, en exécution de la Délibération du onze du courant, MM. les Commis-

saires ont dit, que pour remplir le vœu
des trois Ordres au sujet du. mémoire en
réponse aux *Requête* et *Mémoire* du comte
d'Espagnac, ils auraient employé trois séan-
ces à l'examiner, en appliquant à chacun
des faits y énoncés, les pièces justificatives :

QUE d'après cet examen ils avaient re-
connu, que ce Mémoire réunissant la soli-
dité des preuves à la clarté de la discussion,
détruisait, sans réplique, tout ce que le
Comte d'Espagnac a cru pouvoir hasarder,
pour justifier un *Échange* que l'opinion pu-
blique à déjà flétri :

QUE si, les *observations* publiées à ce
sujet, sous le nom de la Ville de Saint-
Mihiel, firent dans le tems, une impression
si vive et si générale, ce supplément deve-
nu nécessaire, depuis la provocation du
Comte d'Espagnac, ne saurait manquer,
par l'intérêt qu'il inspire, de faire naître,
avec le sentiment de l'indignation, le désir
de voir enfin triompher la bonne cause :

Qu'en un mot, pleins de l'estime et de la reconnaissance, dues à l'Auteur de cet Ouvrage patriotique, ils croient ne pouvoir terminer mieux leur rapport, qu'en lui en offrant le témoignage public.

Sur quoi, les trois Ordres, en adoptant ledit Mémoire, dont copie demeurera déposée au Greffe de la Municipalité, ont arrêté :

1°. Qu'il sera imprimé sous le titre de *Requête adressée à Sa Majesté par les trois Ordres de la Ville de S. - Mihiel, en réponse aux Mémoire et Requête du Comte d'Espagnac, sur l'Échange du Comté de Sancerre :*

2°. Qu'ils donnent pouvoir exprès, à MM. Trouard de Riolle, Chevalier de l'Ordre du Roi, son Conseiller et son Maire-Royal à Pont - à - Mousson, et Marquis Avocat en Parlement, exerçant au Bailliage de cette Ville, de le signer, en leur nom et comme leurs fondés de procuration, de

le faire imprimer avec les pièces justificatives qui l'accompagnent, de le distribuer et
répandre partout le Royaume :

3°. QU'ILS invitent MM. de Riolle et
Marquis, à retourner incessamment à Paris,
pour y présenter ladite Requête à Sa Majesté, à nos Seigneurs ses Ministres, aux
Membres de ses Conseils et de la Commission, espérant que ces MM. voudront bien
continuer de donner à la Ville de Saint-
Mihiel, les preuves du dévouement aussi
généreux que désintéressé, avec lequel ils
se sont livrés jusqu'à ce moment à la pour-
suite de cette affaire :

4°. QUE renouvellant, en tant que de
besoin, les pouvoirs précédens donnés à
MM. de Riolle et Marquis, ils les au-
thorisent à défendre, contre toutes deman-
des qu'on pourrait suivre ou intenter à rai-
son de l'*Échange* ; à former toutes celles
qu'ils jugeront propres à concourir aux vues
de la Ville, à son intérêt et à la dignité de

leur commission; à poursuivre celles qu'ils auraient commencées; et en un mot faire tout ce que pourraient ou devraient faire les trois-Ordres eux-mêmes, pour obtenir de SA MAJESTÉ, la justice qu'ils sollicitent depuis deux ans entiers.

5°. . . . .

6°. . . . .

7°. Que M. Michel Maire-Royal, qui dans l'origine avait été nommé l'un des Députés, et que ses fonctions ont rappellé en cette Ville, sera prié également de vouloir bien continuer l'active et utile correspondance qu'il a entretenue jusqu'à présent avec MM. de Riolle et Marquis, et seconder les efforts patriotiques de ces deux deffenseurs de la cause commune, avec le même zèle qu'il a témoigné jusqu'à présent . . . .

8°. ARRÊTÉ enfin que la présente Délibération sera imprimée, adressée à Monseigneur le Garde-des-Sceaux, à Monseigneur le Directeur-Général des Finances, à Monseigneur le Comte de Puiségur Sécrétaire d'État, ayant le département de la Province, à Monseigneur d'Ormesson Conseiller d'État, Président de la Commission établie pour l'examen de *l'Échange de Sancerre*; et répandue par-tout le Royaume, pour servir d'un monument authentique qui atteste le cri de la Ville de Saint-Mihiel, contre une déprédation scandaleuse, le généreux dévouement de ses défenseurs, et le noble caractère dont il sont revêtus.

DÉLIBÉRÉ à Saint-Mihiel en ladite Chambre du Conseil de Ville, les jours, mois et an ci-dessus.

Signés, Tocquot, *Doyen Curé de Saint-Mihiel*, l'Abbé de Lisle, *Chantre en dignité du Chapitre*, l'Abbé de Latour, *Écolâtre*, l'Abbé Feriet *chan*, l'Abbé Bastien, *chan*, l'Abbé Steinhoff, *chan*, l'Abbé Grumaux, *ch.* l'Abbé Mouillard, *chan.*, l'Abbé Dumesnil, *chan.*, l'Abbé Fauconnet, *chan.*, l'Abbé Steidhoff, *Semi-prébendé*, l'Abbé Fourquignon, *Vicaire*, l'Abbé le Duc, Dom Clavey, *Procureur de l'Abbaye*, F. Barthélémi, *Supérieur des Minimes*, F. Isidore de Saint Henri, *Prieur des Carmes*, le Président de Boussemard, le Baron de Manonville, le Comte de Rozieres, le Comte de Gondrecourt, de Bourgogne *chev. de St. Louis*, Mannonville, le Chev. de Faillonnet, Faillonnet, le Baron de Kolbars, Drouot de la Cour, Dulys, de Rouyn, Josselin *ch. de S. Louis*, de Laubé *cap. de cav. et ch. de S. Louis*, le Chev. Damoiseau, Dalnoncourt, *ancien Officier d'Infanterie*, Boussemard, Bliard, Rouvrois l'aîné, Rouvrois, *Gendarme de la Garde*, Rouvrois le jeune, Rouillon *Receveur des Finances*, Dufour, *Offic. de caval.*, Raulet, *Lieut. de cav.*, L'Olivier, *conseiller au Baill.*, et *Rapporteur du point d'honneur*, Bertrand, *conseiller du Baill.*, Bazoche, *Avocat du Roi*, Bazoche, *Procureur du Roi au Baill.*, Raulet, *Greffier en chef du Baill.*,

Regnaut de Raulecourt, *Maître particulier des Eaux et Forêts*, Thomassin, *Lieutenant*, Lombard, *Garde-Marteau de la Maitrise*, Martin, *Greff.*, Malbert *Sous-ingénieur des ponts et chaussées*, Etienne, *Doyen des Avocats*, Vivien, *Avocat*, Gilon, *Avocat*, Leblanc, *Avoc.*, Chenot, *Avoc.*, Thiery-Varinot, *Avoc.*, Fontayne, *Avoc.*, Lombard fils, *Avoc.*, Laurent, *Avoc.*, Leclerc l'aîné, *Avoc. et Not.*, Leclerc le Jeune, *Avoc.*, Belcourt, *Avoc. et Receveur des bois*, Brion, l'aîné *Avoc.* Gaillard, *Avoc.*, Thiery le jeune, *Avoc.*, Brion le jeune, *Avoc.*, Lecler, *contrôleur*, Mangin, *Procureur*, Labouille, *Procureur*, Hemelot, *Proc.*, Duval, *Imprimeur*, Moucheron, *Prote*, Lapouille, *Huis. audiencier*; Magnier, *Huis.*, Harpin, Hullion, *Huis.*, Grandidier, *Huis.*, Leblanc, *Directeur des Postes*, C. Aubry, Viard, *Mard*, et *Maire de l'Abbatiale*, Blehée, Dufour, *Méd.*, Masson, *Lieut.*, *du prem. chirurg. du Roi*, Braconot, Lebrun, Planté, *Huis.*, *de la Maitrise*, Harmand, *Huis.*, Defoug, Pasquis, *Orf.*, Capres, *chirurgien stipendié*, Lahaut, *chirurgien*, Belhomme, Royer *Rentier*, Royer,

rard, Royer, *Fondeur*, Royer, *Maître Apo.*
Vallée, Durand, *changeur du Roi*, Colignon
pere , Mangeot, Bloquin, François dit Ha-
roux *Mard.* Bertin , *Mard.*, J. B. Picard,
Coyen, Lebrun, Genin, Morel, *Mtre charp.*
C. Morel père, Morel, Hallot, devaux, Poir-
son l'aîné, Noël, *Mard.*, Petitjean, *Mard.*,
Deville, *Négl.*, Sertelet, *Négl.*, Girot, *Neg.*,
Rousselot, Lavoignac, *Orfevre*, Humbert,
Saintin, *cordonnier*, Sugny, Lebrun, Hen-
riot, *Péruquier*, Dérouis, A. Robert, J. B.
Blain, Sthol, *Aubergiste*, Roland, *Auberg.*,
F. Robert, *Négot.*, J. François, Mangeot,
Mard., S. Colinet, J. Vautrin, Colignon,
E. Signolet, N. Aubert, *Recev. des deniers
du Roi et Fermier des Gabelles*, J. Blaise, F.
Lachambre, G. Vincent, *Mard.*, Nocus,
Poirson, Désandré, Mangin, Urbain, *Lieut.
de police*, Connard, *Echevin*, Viard, *Echev.*,
Jacob, *Ech.* et *Syndic des Avo*, Steinhoff, *Ech.
Trésorier*, Brion, *Proc. du Roi*, Gouget,
Secrétaire en chef de l'Hôtel-de-Ville,
Michel, *Maire-Royal.*

www.ingramcontent.com/pod-product-compliance
Lightning Source LLC
Chambersburg PA
CBHW061814040426
42447CB00011B/2644